# LE VŒU NATIONAL

## DE LA FRANCE

# AU SACRÉ-CŒUR DE JÉSUS

CONSIDÉRATIONS SUR LES MALHEURS DE LA FRANCE

SUIVIES DE PRIÈRES AU SACRÉ-CŒUR

*Instaurare omnia in Christo.*
Établir tout sur Jésus-Christ.

(Éph. 1)

I. LE CŒUR DE JÉSUS — II. L'APOSTASIE
III. LE PROSÉLYTISME APOSTAT — IV. LA CIVILISATION
V. LES MALHEURS

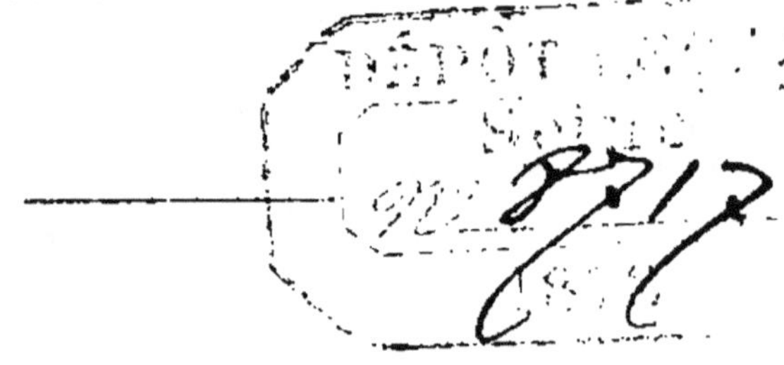

PARIS

E. DE SOYE ET FILS, IMPRIMEURS

5, PLACE DU PANTHÉON, 5

1873

# LE VŒU NATIONAL

---

*Instaurare omnia in Christo.*
Établir tout sur Jésus-Christ.

(EPH. I, 10.)

## I

## LE CŒUR DE JÉSUS.

L'élite religieuse de la France a pris la résolution d'ériger un temple spécialement consacré au divin cœur de Jésus, pour l'attendrir sur nos malheurs et pour obtenir la régénération chrétienne de la fille aînée de l'Église.

Ce dessein est très-digne d'obtenir l'adhésion et le concours de tous les cœurs fidèles.

Le cœur fait la principale distinction des hommes. Chacun porte dans son cœur un trésor de vertu ou d'iniquité. Toutes les qualités de l'esprit, du génie même, sont moins précieuses que les bonnes qualités du cœur.

A ce seul point de vue, par son cœur, Jésus

mérite la plus haute estime et la plus grande considération des hommes. On a conservé dans des urnes d'or des cœurs d'hommes célèbres; on leur a donné des places d'honneur dans des monuments nationaux; on a consigné dans l'histoire l'éloge de ces grands cœurs. Et l'on a eu raison, quoique plusieurs de ces cœurs aient eu, durant leur vie mortelle, des faiblesses regrettables et n'aient pas eu toutes les vertus désirables. Mais ils furent les vases vivants de généreux sentiments : c'est pourquoi on leur garde bon souvenir. Où est le cœur parfait? L'Evangile nous le montre : c'est le cœur de Jésus, orné de vertus supérieures à celles des autres hommes, parce qu'elles sont sans partage de faiblesse, sans solution de continuité, sans jamais le moindre signe d'ostentation, d'égoïsme, d'intérêt. Et la religion qui présente au monde les caractères de vérité les plus apparents, les plus frappants, les plus inimitables, c'est-à-dire l'Église catholique, depuis dix-huit siècles, offre à la vénération religieuse le cœur de Jésus, renfermé dans le saint sacrement de l'autel : non point mort, mais vivant; non pas vivant de sa première vie mortelle, mais vivant d'une vie maintenant céleste; non point séparé du corps de Jésus, mais uni à tout le reste de cette Personne divine. Le mystère de la résurrection du Christ, qui a ses preuves dans l'histoire, a son sacrement dans le Tabernacle.

L'Eglise conserve là Jésus avec son cœur, qui a les pulsations de la vie éternelle ; et à tous les chrétiens qui ont sa foi, l'Église propose la connaissance, l'amour et le service de ce divin cœur.

Hélas ! beaucoup de cœurs sont aujourd'hui séparés du cœur de Jésus. Cette séparation est un malheur national, cause de beaucoup d'autres malheurs, que le Vœu national a pour objet de conjurer et de réparer même, s'il est possible.

*Benedictione justorum exaltabitur civitas : et ore impiorum subvertetur* (Prov. xi).

Oui, par la bénédiction des prières et des œuvres d'une association de justes, la patrie peut être sauvée encore de la ruine où l'apostasie l'entraîne, et que consommerait le triomphe des idées subversives de la révolution.

## II

## L'APOSTASIE.

Vous connaissez cette belle personne qui faisait l'admiration du monde? Eh bien ! elle se meurt, d'un cancer au sein. Pour la sauver, il faudrait un miracle.

C'est la France.

Autrefois, fille chérie de Dieu, elle était la confidente de ses conseils, et comme sa main pour les plus grands actes de ses desseins. *Gesta Dei per Francos.* Tel était le légitime adage de nos pères. Aujourd'hui, cette nation a exclu Dieu de son cœur, et elle est exclue, semble-t-il, des actes de Dieu.

Car un fait, que l'on peut malheureusement appeler national, a déplacé notre civilisation : elle était assise sur la base du christianisme; on l'a fait glisser sur l'échafaudage de l'apostasie, qui se nomme la Révolution. Et qu'est-il arrivé? La France chancelle; pourquoi? sinon parce que les tréteaux de l'athéisme, substitués aux colonnes du christianisme n'ont pas la force de supporter le colossal édifice. Ecoutez les craquements multipliés dans la charpente ; voyez les pans de mur qui s'écroulent ; et partagez les craintes publiques d'une ruine totale.

Mais ne croyez pas que notre décadence soit l'effet du coup de vent qui a cassé le grand mât et porté le navire à la côte. La déchéance d'un personnage ne fait pas la décadence d'une nation.

Nous donnons beaucoup trop d'importance aux questions de personnes, beaucoup trop peu aux questions de principes.

Les oreilles cornent des noms de personnes.

Et les principes ? On met la main sur la bouche.

Cependant, notre décadence est une question de principes, non de personnes

Est-ce que les personnages qui entraînent, depuis un siècle, les destinées de la France ne sont pas comparables, en mérite personnel, aux hommes qui ont tenu précédemment, chez nous, l'épée, la plume ou le sceptre ? Pourquoi donc, dans l'ancien temps, la gloire, aujourd'hui la décadence ?

> Déplorable Sion, qu'as-tu fait de ta gloire ?
>   Tout l'univers admirait ta splendeur :
> Tu n'es plus que poussière, et de cette grandeur
> Il ne nous reste plus que la triste mémoire.
> Sion, jusques au ciel élevée autrefois,
>   Jusqu'aux enfers maintenant abaissée...
>
> (ESTHER, Act. 1. sc. 2.)

Pourquoi cet abaissement? S'il n'est pas une question de personnes, donc c'est une question de principes. Nos pères étaient chrétiens, et nous sommes apostats. Ils n'étaient pas chrétiens parfaits : c'est pourquoi il y a des nuages dans leur ciel historique. Nous ne sommes pas tous apos. tats : c'est pourquoi des rayons d'espérance percent encore notre ciel obscurci.

L'apostasie convient que la civilisation est une question de principes, quand elle émet la prétention de donner à l'ordre social des principes nouveaux.

Seulement, cette prétention n'est qu'un stratagème de révolution. Inventer de nouveaux principes, cela veut dire, sans doute, inventer la vérité. Il serait insensé, s'il n'était impie, de prétendre inventer aujourd'hui la vérité. Elle est nécessairement ancienne comme le monde : le simple bon sens le veut : c'est l'impiété qui ne le veut pas. Mais pourquoi? parce qu'elle est en rébellion contre Dieu, qui a donné la vérité à l'homme dès l'époque de sa création, et qui est venu, dans le mystère de la Rédemption, rallumer le flambeau de la vérité presque éteint parmi les hommes.

L'impiété ne dédaigne pas l'idée de la Rédemption; elle s'en empare, au contraire, mais comme une faction séditieuse s'empare des armes et des munitions de la patrie, pour la combattre. L'apostasie, aussi haut que personne, crie que la société a besoin de régénération. Et tel de ses plus illustres bravaches n'hésite pas, dans ses accès, à prononcer le mot même sacré de rédemption ; mais ce sont des accès de blasphème.

Au reste, l'apostasie ne dissimule plus ses hostilités contre le christianisme. Elle jure de lui substituer l'athéisme dans le cœur de l'humanité.

Et toi, pauvre France! où vas-tu, entraînée si loin déjà sur le torrent de l'apostasie?

Le vœu national aspire à te sauver de la catastrophe. L'entreprise est difficile : le succès ne peut être que miraculeux : c'est vrai! Mais le vœu national ne recule pas devant l'espoir même du miracle : il a précisément pour dessein de le demander au Sacré-Cœur de Jésus. Il n'est pas question de rétablir l'ancien régime, recrépit et badigeonné; mais il est question de réédifier une nouvelle France sur les salutaires principes du christianisme. *Instaurare omnia in Christo.* Il est question d'opposer au fait national de l'apostasie, le vœu national de la réparation chrétienne. Et certes ! si tous les cœurs chrétiens voulaient adhérer à ce vœu national, tout irait vite encore, et tout irait bien. Que si le vœu national trouve froids la plupart des cœurs, tout ira vite aussi, mais tout ira mal.

*Benedictione justorum exaltabitur civitas : et or^e*

*impiorum subvertetur.* « La bénédiction des justes élèvera une cité ; mais la bouche des impies la renversera. »

# III

## LE PROSÉLYTISME APOSTAT.

Le plus grand de nos malheurs subsiste, et celui-ci peut hélas! empêcher la réparation des autres : c'est le prosélytisme apostat.

Car un grand nombre de Français, qui paraissent appeler de leurs vœux le salut de la patrie, ont fait naufrage dans la foi. Ils ne sont pas les derniers à reconnaitre le besoin d'une régénération sociale; mais, sous le bandeau fatal de l'apostasie, ils ne voient pas que, semblable au char de Brahma, qui écrase sous ses roues pesantes la foule de ses adorateurs stupides, le char de l'athéisme écrase, dans sa marche révolutionnaire, les peuples qui se précipitent au-devant de lui pour demander la félicité sensuelle. Deux règnes de la terreur, à distance l'un de l'autre sur la voie de notre civilisation, allumant leurs fanaux sinistres au front du broyant véhicule, ont effrayé tous les yeux, excepté ceux que couvre l'épais bandeau de l'apostasie.

Les Philistins (1), autrefois, prirent l'arche de Dieu, et la transportèrent de la Pierre-du-Secours à Azot. Et ils mirent l'arche de Dieu, qu'ils avaient prise, dans le temple de Dagon, en face de l'idole. Et le lendemain, l'idole de Dagon était renversée à terre, devant l'arche du Seigneur. On releva Dagon, et on le remit en place. Mais le jour suivant, Dagon fut encore trouvé par terre, devant l'arche du Seigneur. Cette fois, la tête de l'idole et ses deux mains, détachées du tronc, étaient sur le seuil de la porte. On rajusta l'idole ; mais on trouva l'arche de Dieu gênante, et on la renvoya chez Israël.

Ainsi, parmi nous, des hommes ont deux fois mis la révolution en présence de l'autel. Une fois, la révolution avait la figure d'une prostituée, appelée *Déesse Raison ;* l'autre fois elle avait la figure d'une furie appelée *la Commune.* Chaque fois l'autel, violé par la révolution, a vu pourtant celle-ci renversée et mise en morceaux devant ses marches. Mais les adorateurs affolés de l'idole sont toujours venus en ramasser les tronçons et les refondre, pour reproduire le monstre.

Et voilà, disent-ils, le dieu de l'avenir !

Supposé ce fait accompli, que deviendrait l'humanité ? On recule devant cette pensée. Mais il y a des hommes qui s'en nourrissent, et qui

______

(1) I Reg. v.

font tout, et qui sont prêts à tout faire pour en procurer le triomphe.

Ils se déclarent libres-penseurs. Est-ce que la liberté de penser doit exclure la raison et la morale? Soyez francs, ce que vous appelez la liberté de la pensée n'en est que le libertinage. Vous êtes passionnés, plutôt que raisonnables ; volontaires, autant que révolutionnaires. Il faut que vos idées passent, pénètrent partout, que vos desseins s'accomplissent irrésistiblement. Ce qui vous gêne, vous le repoussez brutalement. Battus de raisons, vous criez à la réaction. Maintenus dans l'ordre, vous criez à la tyrannie. Dans les temps de troubles, vous poussez les pauvres gens aux barricades. S'il vous arrive un moment d'être les maîtres, vous emprisonnez, vous fusillez, vous brûlez.

Et vous vous dites libres-penseurs. Il y a là quelque chose de plus que des libres pensées. Il y a des actes de méchants citoyens. Vous voulez perdre l'Église : voilà le complot. Et vous ne voyez pas, vous ne voulez pas voir, que le vaisseau sombrant engloutirait avec lui l'équipage.

Les chrétiens aussi sont de libres-penseurs ; mais ils sont clairvoyants, raisonnables, sensés.

Quand vous les appelez ignorants, vous savez bien que vous mentez. Si vous voulez raisonner contre eux, vous savez bien qu'ils vous battent. Lorsque vous opposez vos candidats aux leurs, vous savez bien que les plus posés ne sont pas les vôtres.

Les chrétiens n'ont pas de bandeau sur les yeux. Vous calomniez leur foi quand vous la dites aveugle. Elle est raisonnée chez les prêtres, raisonnable chez les fidèles, sage chez les uns et chez les autres.

Ne sont-ce pas de fameux libres-penseurs que leurs évêques, leurs docteurs, leurs missionnaires? Et ne partagent-elles pas merveilleusement cet apostolat de la libre pensée, voire même de la libre action, les religieuses de tant d'observances et les dames si nombreuses de la charité chrétienne?

Comparez vos libres-penseurs aux nôtres, vos libres-penseuses aux nôtres. Ne battez pas la campagne pour quêter quelques pièces échappées de notre parc. Chassez dans le parc, vous y trouverez abondance et qualité : il y a quelques oisillons sans prix; mais la plupart des têtes méritent le coup de fusil de la Roquette ou de la rue Haxo.

Pour vos libres-penseurs et vos libres-penseuses, je vous laisse le choix : présentez vos rosières et vos lauréats; mais ayez la main heureuse.

Au temps du Christ, il y avait aussi des libres-penseurs, qui, en jouant le rôle de patriotes, ont perdu leur nation. C'étaient les pharisiens et les saducéens, gens vertueux et apostats. Leur vertu a crucifié Jésus, et leur apostasie a ruiné Jérusalem. Vous n'aimez pas l'entendre dire ; mais c'est de l'histoire : de la terrible histoire.

En ce temps-là on vit pleurer Jésus, et on l'entendit plaindre le sort de sa patrie avec des accents de douleur religieuse, les plus lamentables qui aient jamais retenti dans l'univers. « Jérusalem ! Jérusalem ! toi, qui tues les prophètes qui te sont envoyés : ah ! si tu pouvais, en ce jour du moins, qui t'est donné encore, comprendre et reconnaître ce qui est fait pour te procurer la paix. Mais ces choses sont cachées à tes yeux. Et des jours viendront où tes ennemis te circonviendront de leurs tranchées ; et ils te serreront et te presseront de toutes parts ; et ils te renverseront à terre, toi et tes enfants qu'il y aura dans ton enceinte ; et ils ne laisseront pas chez toi pierre sur pierre ; parce que tu n'auras pas connu le temps de la visite salutaire. »

Voilà l'Homme contre lequel les patriotes apostats d'alors ont excité les passions du peuple, en le représentant comme ennemi de la nation et de la liberté.

Jésus ennemi de la nation ! Il lui faisait du bien d'une façon tellement extraordinaire que les mécréants n'en veulent pas croire le récit évangélique. Mais les pharisiens et les saducéens, qui ne pouvaient nier ces merveilles dont ils étaient les témoins journaliers, s'irritaient précisément de voir Jésus faire du bien aux malheureux plus qu'eux-mêmes ne pouvaient ni ne voulaient en faire. Egoïstes et hypocrites, ils ont détesté et insidieusement poursuivi à mort le divin bienfaiteur.

Jésus ennemi de la liberté ! Sa mission fut d'affranchir les hommes de la servitude qui enchaîne le cœur, et de la servitude qui enchaîne l'esprit. Mais les mécréants veulent-ils comprendre ? La première servitude est celle des liens de la chair, et la seconde est celle des liens de l'orgueil. Malheureusement les esclaves de la chair aiment leur chaîne. Et les hommes qui sont dans la chaîne de l'orgueil, en aiment aussi la servitude avec passion.

C'est pourquoi les Juifs apostats, ne voulant pas de la liberté évangélisée par Jésus-Christ, ont méconnu et persécuté le divin libérateur. C'est encore pourquoi les chrétiens apostats, ne voulant pas de la liberté évangélique, persécutent l'Eglise.

Mais nous, chrétiens et patriotes, nous voulons la liberté politique et la liberté religieuse. Nous craignons la servitude de la chair ; nous exécrons celle de l'orgueil : qui produisent les Spartacus et les Catilina. Nous sommes prosélytes, mais selon Dieu. Nous aimons la patrie, mais dans la foi. Nous voulons une régénération sociale, mais chrétienne. Nous réclamons notre liberté de penser et même d'agir ; mais parce que vous nous menacez de nous l'enlever, nous élevons nos yeux et nos mains vers le ciel ; nous faisons un vœu au Sacré-Cœur de Jésus, et nous lui disons : Ne permettez pas que la désolation dernière vienne durant les jours de notre vie. O cœur de Jésus, vous êtes la source intarissable de nos espérances : sauvez la patrie en convertissant les âmes : car il n'y a pas d'autre moyen de salut possible.

*Benedictione justorum exaltabitur civitas: et ore impiorum subvertetur.* L'association bénie des justes peut sauver la patrie, que le souffle de l'apostasie veut détruire.

## IV

## LA CIVILISATION.

Les fils de la Révolution savent-ils que, dans sa jeunesse, leur mère eut une inclination pour un sauvage? Il s'appelait *le Système de la nature.* Ce chagrin personnage maudissait les sciences et les arts, détestait la civilisation et vantait, comme enviable, la condition des bêtes, qui n'ont plus à craindre que la douleur et la faim. La Révolution s'éprit du sauvage avec passion. De l'alliance naquit un monstre, du nom de son père et du même appétit pour dévorer tout indistinctement. Les mains d'un Hercule l'enchaînèrent; mais le héros eut des faiblesses aux pieds de la mère, et y périt.

On dit que l'araignée tue et mange ses époux.

Durant les caprices de la Révolution pour le héros, le sauvage avait disparu ; un fruit du nouveau commerce avait été nommé *le Progrès ;* et le fils du sauvage, s'étant évadé, comme Protée, en changeant de forme, avait pris le visage de la science et le manteau des arts.

Lorsque l'araignée eut mangé le héros, repue

d'un tel repas, elle rentra dans son repaire. La toile restait tendue, et beaucoup de moucherons s'y perdirent. Quand la faim fut revenue, l'araignée répara sa toile et prit une mouche. C'était la mouche royale d'une grande ruche. L'essaim bourdonna, et puis, il couronna une autre tête.

Celle-ci fut nommée *la meilleure des républiques*. Les Sciences et les Arts devinrent ministres, le Progrès président du conseil, et la Révolution encore une fois maîtresse intime.

L'alliance interlope produisit un être informe, que l'on nomma *l'Athéisme de la loi ;* et un autre de grosse forme, que l'on nomma *le Matérialisme.* Et puis, un jour, l'araignée mangea encore son époux.

Dans une toile nouvelle se fit prendre un héritier du héros qu'avait aimé la Révolution. L'heureux captif sut faire à son tour les délices de la belle, et il régna ; mais sous la haute direction de la maîtresse et de ses quatre enfants.

On en était là, quand la mère et les fils jugèrent opportune une *Exposition universelle* des produits de leur fabrication. Le champ de Mars ouvrit son enceinte respectable et la place d'honneur y fut donnée au plus monstrueux engin de guerre que le monde ait vu paraître.

*Et monstrum infelix sacrata sistimus arce.*

Il y avait des avertissements : on les méprisa.

Un bruit de guerre : on n'y fit pas attention. Des pronostics fâcheux : *Non unquam credita Teucris;* les Français n'y crurent jamais.

La nuit suivante l'ennemi s'est produit, armé de la force brutale qui prime le droit, et de la torche incendiaire, qui impose la ruine. Les victimes sont nombreuses dans la poussière des décombres; et les survivants sont dans un désordre effroyable.

> Venit summa dies et ineluctabile tempus
> Dardaniæ : fuimus Troës, fuit Ilium et ingens
> Gloria Teucrorum...

> Le dernier jour de la France est venu :
> Nous finissons! et Paris est perdu!
> Notre gloire est éteinte...

Qu'est-il donc arrivé? Est-ce que nos arts, nos sciences, et le progrès des machines, des industries, des fabriques en tout genre ont disparu? Non, tout est là, et dans la splendeur comme auparavant. Pourquoi donc les trompettes de la Renommée qui, ornées naguères de banderolles, ne suffisaient pas à sonner l'hymne de la grandeur, maintenant voilées d'un crêpe, ne donnent-elles plus que l'air de la décadence?

L'araignée a mangé et elle fait horreur. On a peur d'elle enfin, et même de ses enfants. Car tout cela reste, mais dans un état où l'on se demande ce que cela va faire. On voit bien maintenant qu'il n'importe pas radicalement d'être en monarchie, en empire ou en république; mais qu'il importe essentiellement de sortir des pinces de l'araignée. On voit que ses enfants peuvent manger, avec elle, ce qu'ils paraissent aimer : et c'est la cause des frissonnements qui courent dans les veines de la société.

Mais nation singulière, excessive dans le bien et dans le mal, dans la joie et dans la peur, la France ne s'exagère-t-elle pas la profondeur de l'abîme, comme elle s'exagérait la hauteur du pic? On ne parlait que de siècle des lumières, et l'on ne parle plus que de ruine sociale.

Méprise! et méprise!

Méprise d'avoir pris le progrès des arts et des sciences pour le couronnement de l'édifice. Ces choses ne font ni le couronnement ni la base de la civilisation. Où voit-on un exemple de civilisation fondée par les sciences et les arts? Les peuples ne parviennent qu'à la longue à s'illustrer dans ces genres. Leur civilisation a toujours commencé par le moyen des principes moraux et religieux. Voilà, en effet, les véritables facteurs du problème de la civilisation ; les arts et les sciences n'y doivent figurer qu'au produit. La civilisation est la mère des arts et des sciences, non leur fille. Et la mesure des arts et des sciences, c'est leur utilité, non leur progrès. Peut-on ignorer qu'au lieu de jamais parfaire le couronnement de la civilisation, le progrès a tendu perpétuellement au pied de l'édifice des piéges de mollesse, où successivement se sont pris les plus grands peuples du monde ?

L'autre méprise est de croire tout perdu, parce que le mirage du progrès s'est évanoui. N'est-ce pas, plutôt, un avantage? Car tout mirage est trompeur, et sa disparition fait place à la vérité.

Si les sciences et les arts n'ont pas fondé la civilisation de nos pères ; si le progrès n'a pas couronné l'édifice de notre civilisation, laissons donc les méprises nées du souffle de la révolution, et venons à la vérité.

Où est-elle ?

Dans les principes qui ont commencé la civilisation de nos pères. Les mêmes principes peuvent reprendre en sous-œuvre notre civilisation croulante. Ne sommes-nous pas de la même nature que nos pères, ou serions-nous plus intraitables? Quelle barbarie que celle des Sicambres, des Cattes, des Bructères, des Tenctères, des Angrivares et de toutes ces tribus dont les Francs-Saliens et les Francs-Ripuaires conduisaient les bandes vagabondes! Les femmes mêmes se mêlaient, échevelées, aux horreurs de la guerre, et buvaient le sang dans le crâne des victimes. C'était le beau temps du *Système de la nature*. Mais le christianisme, à Tolbiac, se rencontra sur le champ de bataille et y changea le sort des armes.

Il fit aussi baisser la tête du Sicambre adouci, et il lui donna la régénération baptismale, avec cette loi morale et religieuse : Adore ce que tu as brûlé, et brûle ce que tu adorais. Alors la civilisation des Francs commença ; mais les rudiments des sciences n'y trouvèrent place que plus tard, sous le règne de Charlemagne. La France, élevée par l'Eglise, malgré son caractère inconstant, devint chevaleresque, gracieuse et belle. Si elle n'a pas atteint la perfection sociale, faut-il l'imputer au compte de l'Eglise ou à celui de la Révolution ?

Celle-ci était grande quand elle conçut sa passion pour le sauvage. Mais ils étaient nés l'un et l'autre depuis un temps. Ils s'étaient moqués de l'Eglise, l'avaient contrefaite, et même, en grandissant, ils en vinrent à lever la main sur elle. Chaque attentat de l'apostasie à la figure de la France, depuis plusieurs siècles, y avait fait une déchirure. Les attentats devenus plus graves, au temps des amours avec le sauvage, et récidivés souvent depuis, avec scandale, ont rendu méconnaissable cette belle figure de la France. Les peuples, autour d'elle, qui l'admiraient, la dédaignent ; qui la respectaient, en ont peur ; qui l'honoraient, la maltraitent.

Apostasie, voilà ton ouvrage !

Et les arts et les sciences n'y font rien : si ce n'est encore du dommage, parce qu'ils sont entrés dans les complots de la révolution.

Est-ce donc vraiment fini? Faut-il désespérer de l'avenir? Dans les tempêtes, lorsque la science des astres ne peut plus servir, et que l'art des manœuvres devient inutile, les marins font un vœu et ils espèrent ensuite regagner le port : faisons de même.

Le vœu national doit nous sauver.

O Jésus, votre cœur aime la France, car il y a fait naître sa dévotion. C'est de là qu'elle s'est répandue dans l'Eglise. Le foyer n'est pas éteint. Princes et peuples y ont plus d'une fois ravivé le feu sacré de leur courage. Voilà une autre sorte de fournaise que l'incendie de la révolution. L'embrasement incendiaire consume, pour le détruire, l'édifice de la civilisation. Votre amour est le feu qui l'éclaire et qui peut ranimer la vie de nos cœurs que le froid de l'apostasie a glacés.

*Benedictione justorum exaltabitur civitas : et ore impiorum subvertetur.*

## V

## LES MALHEURS.

Je suis monté sur un vaisseau, j'ai vu baisser à l'horizon et disparaître les côtes de la patrie : j'allais chercher des nouvelles du bonheur.

Partout, en abordant, je demandais : Où est le bonheur ?

Les sauvages même de l'Océanie ont ouvert l'oreille avec curiosité.

Mais, sur aucun rivage, je n'ai entendu un peuple me répondre : Le bonheur habite notre pays.

J'ai vu cependant la prospérité : elle passait son temps à regarder au loin si le bonheur venait.

Et je suis retourné au port de mon départ.

J'ai examiné la France : je l'ai comparée avec les autres nations que j'avais visitées.

Je la trouvais encore la plus belle des filles de la civilisation.

Mais j'étais surpris de la voir quelquefois, tristement assise, pencher la tête entre ses mains et pleurer.

N'êtes-vous pas mère d'un grand peuple? la maîtresse des nations? la reine des cités?

Voici que plusieurs soleils rougirent les nuages du soir, et la ville pleine de peuple prit des vêtements de deuil; elle était désolée.

Les yeux pleuraient des larmes qui coulaient amères sur les joues. Elle ressemblait à une veuve. Plus un seul de ses amis pour la consoler. Les peuples qui lui avaient été chers, l'avaient abandonnée : un vautour enlevait ses enfants pour les transporter sur la terre étrangère; la reine des cités était devenue tributaire.

Les chemins furent inondés de sang, les portes des villes forcées; les prêtres gémissaient sur les ruines de leurs autels : l'ennemi de la grande nation planait sur sa tête,

O vous, a dit la victime, qui me voyez en passant, considérez s'il y a une douleur pareille à ma douleur, parce que le Seigneur m'a dévastée, selon sa parole, au jour de sa colère et de sa fureur. Mes persécuteurs s'en vont en paix. J'ai succombé parce que le Seigneur a parlé contre moi, à cause de la multitude de mes iniquités. Pour cela mes enfants ont été entraînés en captivité devant un dominateur inhumain, parce que souvent le Seigneur les avait avertis, les avait appelés, les avait menacés; mais ils ont abandonné la source d'eau vive, pour boire de l'eau de citerne : la source qui descendait du cœur divin, pour l'eau d'un marais fangeux.

Le feu du ciel est tombé sur la tourbe. L'incendie a causé un abîme.

J'y tournais le dos, et je marchais contre Dieu. Sa main m'a rejetée en arrière, et je suis tombée dans le gouffre.

Au fond du précipice, Jérusalem s'est souvenue des jours de son espérance, des biens qu'elle avait possédés, des promesses auxquelles son cœur pouvait se rattacher encore. Et lorsque son peuple, sans défenseur, était foulé anx pieds de l'ennemi, lorsque sa beauté flétrie était l'objet des railleries du vainqueur : Chantez-nous, disait celui-ci, quelques-uns des cantiques de Sion. Mais la fière captive répondit : Comment chanterions-nous les cantiques de Jéhova sur la terre d'un étranger ? Si je puis t'oublier, ô Jérusalem, que Dieu fasse oublier à ma main les accords de ma lyre !... Seigneur, venge le jour qui vit tomber Jérusalem ! Et lorsque les perfides criaient : Détruisez, détruisez Jérusalem jusqu'à ses fondements ! le Seigneur entendit les plaintes et les prières de la nation malheureuse : il abaissa un regard sur elle, il la vit pénitente, et il en eut compassion.

Il lui dit : Si la femme d'un homme s'est attachée à un autre, son époux ne la reprendra jamais. Et toi, tu as suivi une foule d'adorateurs ; mais reviens à moi, et je te recevrai. Appelle-moi donc maintenant que tu es malheureuse, et dis-moi : Vous êtes mon Père et le salut de ma jeunesse. J'écouterai : ta voix me plaira encore ; si tu reviens, si tu veux me tendre les bras, si tu accours fuyant tes abominations, je le jure! je dirai : Préparez une terre nouvelle, pour que Jérusalem ne sème pas sur les épines. Et j'ordonnerai à mes anges de publier, à son de trompe, ma réconciliation avec Jérusalem.

Les chefs des nations paraîtront surpris, mécontents : ils voudront porter plainte encore contre Jérusalem ; mais je leur dirai : Il faut se réjouir, parce que ma fille était morte, et que la voilà ressuscitée.

France! France! as-tu prêté l'oreille? as-tu entendu ce qui te regarde?

Comme une femme qui méprise l'époux dont elle est aimée, n'as-tu pas méprisé le Seigneur? Il s'en est plaint. Était-ce à tort? Quel peuple n'a pas été témoin de tes infidélités? Rebelle épouse, tu es allée sur toutes les collines élevées, et dans les bois les plus sombres, chercher des complices de ton émancipation sacrilége. Et les chemins qu'avaient souillés tes pas, se virent ensuite couverts d'une foule d'hommes qui se haïssaient, en maudissant le ciel, et qui s'entr'égorgeaient avec de grands cris et de gros pleurs.

Cesserez-vous de marcher dans vos sentiers iniques?

Convertissez-vous, enfants rebelles, et je guérirai vos haines, a dit Jésus.

Seigneur, nous voici, nous revenons à vous.

# PRIÈRE.

O tendre et compatissant Sauveur, Homme-Dieu, qui avez fait ouvrir votre cœur par le coup d'une lance, et qui avez répandu la première bénédiction du sang sorti de ce divin cœur sur le soldat qui venait d'y plonger son fer : cœur aimant et aimable, qui avez inspiré à votre bouche les paroles de grâce prononcées, du haut de la croix, en faveur des plus cruels bourreaux : Jésus, vos ennemis (pouviez-vous en avoir!) ont tenu conseil contre vous, le béni du Père céleste! et ils ont dit entre eux : Puisqu'il se fait gloire d'être le Fils de Dieu, voyons donc où est la vérité de ses discours? condamnons-le au plus infâme supplice : éprouvons si celui qu'il appelle son Père viendra le délivrer? et, parce que vous aviez pris sur vous, ô doux Agneau, la responsabilité de nos crimes, vous en avez été la victime! mais le ciel, épouvanté, a voilé sa lumière; la terre a tremblé; les rochers se sont fendus, leur déchirure subsiste! et les corps des saints, émus dans leurs tombeaux, nous ont semblé faire des apparitions mystérieuses; où leurs mains s'élevaient au ciel, retombaient sur leurs poitrines, et s'étendaient vers vous pour signifier : Celui ci est vraiment l'homme juste; c'est le Fils de Dieu! et la nation éperdue éprouve des frémissements religieux: vos amis, qui se tenaient au loin, se rapprochent; les saintes femmes viennent vous rendre les devoirs sacrés : et nous avons fait le vœu d'honorer votre cœur vivant dans le tombeau du tabernacle! ressuscitez, ô Jésus, notre foi; et faites revivre dans nos cœurs votre amour.

La véritable rédemption est celle du Calvaire.

Paris. — E. DE SOYE et FILS, imprimeurs, place du Panthéon, 5.